中災防ブックレット

②

# 知るということ

## セレンディピティーと待ち構えた知性とは


著 白川英樹

〈2000年 ノーベル化学賞受賞者〉





中央労働災害防止協会

# まえがき

白川英樹先生との出会いは一九八〇年、自分が大学に入学したときに遡ります。

当時、所属の教官の方々の専門・研究分野等のプロフィールが記載された資料が新入学生に配布されたのですが、白川先生の研究テーマ「導電性高分子ポリアセチレンの合成・物性」という記述に目を奪われました。電気を通すプラスチックというものは、その頃の常識を覆し何と夢のある研究なのだろうと感じ、自分の卒業研究のテーマは是非ともポリアセチレンにしたいと思いました。

その後大学四年次と大学院修士課程の計三年間に亘り白川先生の指導を受けたのですが、在学中に新しい実験設備の設営をしたこと等、懐かしく思い出されます。

就職してからは労働安全衛生という学生時代に学んだこととは少し離れた分野の仕事を受け持つこととなりましたが、二〇〇〇年にノーベル化学賞受賞の知らせを聞いたときには、とても驚き、とても嬉しく、また誇らしくも感じました。

白川先生が大学を退官後も理科教育に携われていることをお聴きし、安全衛生教育に関

まえがき

わる方々にも参考になることをお話しいただけるのではないかと思い、いつか全国産業安全衛生大会で講演していただこうと思い描いていました。

その願いがようやく叶えられたのが二〇一七年の第七六回全国産業安全衛生大会（神戸大会）で、「知るということ～セレンディピティーと待ち構えた知性～」との題目でご講演いただきました。会場は超満員で入場していただけない方も大勢おり、申し訳なく思っていたところ、講演録作成の話が持ち上がり、この度、本書の発刊に至りました。

先生の考える「知る」ということは単に知識として記憶することではなく、真理を見極めることや新しい発見に繋がる知性的な行為なのでしょう。それは、安全衛生の質を高めていくために現場の姿を自分の目で見たり最新の技術や知識を学ぶ際に思い起こしたいことであり、また、教育を行う側・受ける側における指標にも通じるものと思います。

発刊に当たり多大のご協力をいただきました白川先生に深く感謝いたしますとともに、本書が安全衛生関係者の方々のお役に立つものになることを願ってやみません。

中央労働災害防止協会
大阪安全衛生教育センター所長
松　下　高　志

# 目次



本書は、二〇一七年の第七六回全国産業安全衛生大会（神戸大会）化学物質管理活動分科会（会場：神戸国際会議場　メインホール）にて行われた白川英樹氏の講演、「知るということ～セレンディピティーと待ち構えた知性～」の講演録に白川氏に加筆いただきとりまとめたものです。

# 1　研究者を志す～実物を見ることの大切さを学んだ少年時代

## 一番気に入ったのが金メダルの裏側

皆さんこんにちは。

今日は、「知るということ」とはどういうことかについて、導電性高分子発見の経緯やノーベル化学賞受賞のエピソードを交えてお話しをしたいと思っております。

この「知るということ」については、わたくしが小学生の頃にも、助手、助教授、教授と長く研究に携わるなかでも、いろいろ考えさせられる出来事がありました。そうしたことを中心として、話をしようと思います。

最初にわたくしの子供の頃の話、次になぜ化学を好きになったのかという話、それから大学の助手としてポリアセチレンの研究を始めたわけですけれども、それが思わぬ方向に進展をして、導電性プラスチック、いわゆる導電性高分子を発見したお話しをいたします。

そして、この発見が世界的に評価をされて、二〇〇〇年にノーベル化学賞を受賞しました。大変名誉なことでしたが、そのときいただいたのが賞状、金メダル、賞金の三つで、中でも一番気に入ったのが、金メダルの裏側のデザインです。ということで、そのメダルにまつわる話もご披露しようと思います。

それから「セレンディピティー」です。このセレンディピティーという言葉は、私がポリアセチレンの研究をしていたときに、思わぬ失敗から研究のテーマが大転換をしてノーベル賞に繋がったのですが、そういうことを指しています。このセレンディピティーのお話しをいたします。そして最後にまとめです。

## 子供のころから理科が大好きだった

最初に子供の頃の話です。子供の頃から私は理科が好きでした。どちらかというと人間よりも自然の方が好きで、中学生になると昆虫採集と植物採集、それが高校生になると今度はラジオの組立てへと興味は移りましたが、一貫して理科は好きでした。

それから本を読むのも大好きで、理科の本に限らず、小説でも何でも、小さい頃からよく読んでいました。新聞や雑誌もよく読んでいまして、それも含めて本を読むということが基本となって、いろいろなことに興味を持つことに繋がった、という風に思っています。

## 昆虫を食べる植物もある？

昆虫採集や植物採集のきっかけは読書でした。牧野富太郎先生の本を読んで植物採集に

**写真１　本を読むのも大好きでした**
（高山市立第二中学校図書室での著者）

興味を持ちましたし、ファーブルの昆虫記を読んで、実に昆虫っていうのは変化に富んだ存在なのだと感銘を受けて、昆虫を集め出したという訳です。昆虫採集と植物採集を同時に行うとなると、両者の関係を必然的に考えざるを得なくなります。当初は当然のように、植物というのは昆虫に食べられるだけの存在だと思っていました。

昆虫採集をしていると、採集だけには飽き足らず飼育をしたくなります。昆虫のたまごを集めてきて、それを孵化させます。たまごが孵って幼虫になり、何回かの脱皮をへてさなぎになり、成虫になる過程を観察する、ということをよくやりました。特に蝶の飼育をよくやりました。

大部分の昆虫は植物を食べますから、幼虫を飼育するためには、その幼虫が食べる特定の植物を採ってこなければなりません。それで植物を知り、その植物が生えている場所や環境を知ることにな

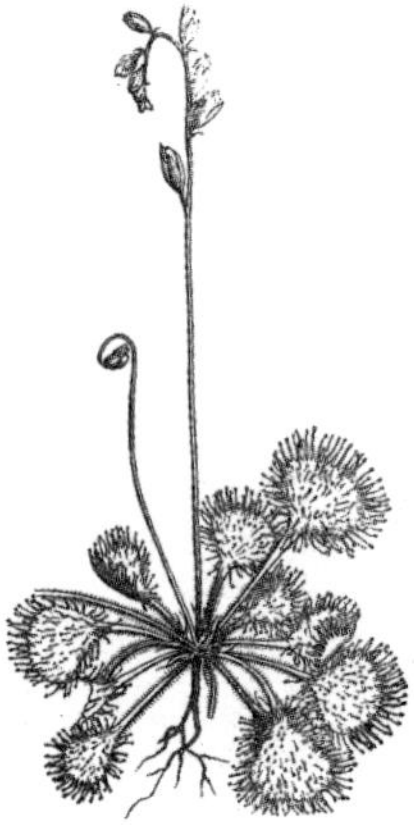

**図1　モウセンゴケ**

ります。

ということで、植物は昆虫に食べられるだけだと思っていたのですが、どうも虫を食べる植物があるらしい。いわゆる食虫植物というものがあると雑誌か何かで読んだのです。そんな植物があるものかと驚き、大変興味をもっていろいろ調べてみたら、「モウセンゴケ」という植物がある、とわかったのです。

当時、雑誌でみた図版はもう手元に無くなってしまって、どんな図や写真を見たかということさえわかりませんが、おそらくそのときに見たのは、**図1**のようなモノクロのペン画だったかと思われます。

色はわからない、大きさはどこかに書いてあったかも知れないけれど、大きさとか葉の触感とか、そういうことは一切わからない。形しかわかりませんでした。

**写真2　モウセンゴケ**
（東北大学植物園八甲田山分園で撮影）

## 緑色ではなく赤色だった

　実は、本物は赤みがかった色合いでした（**写真2**）。この写真はノーベル賞をいただいてまもない、二〇〇三年八月十一日、たまたま機会があって、青森県にある東北大学の八甲田山植物実験場（当時）を訪問した折りに撮ったものです。八甲田山の高層湿原にこういう具合に一面にモウセンゴケが生えていました。

　モウセンゴケは植物だから緑色だろうと思うでしょうが、むしろ赤い色をしています。高層湿原一面に毛氈《もうせん》を敷き詰めたように生えている様子を見て、モウセンゴケという名前を付けた人の観察眼と命名に思いをはせることができました。

　当時はモノクロの図版しか見ていなかったので、この植物の名前がなぜ毛氈の苔なのか理解できませんでした。とにかくこういう植物が郷土に生えているらしいということで、さっそく採集に出かけましたが、それらしき所を探すのですが、なかなか見付けることができずほとんど諦めかけていました。

ところが、そんな頃に見学に行った地元の高校の文化祭で、「郷土に生えている植物」という展示がありました。生物クラブの高校生が地元で採集した植物を、自生している状態をできるだけ再現するように展示してあったのです。その植物の中に、まさにこのモウセンゴケが水槽に植わっていて、そのとき初めて実物に接したのです。

以前見たモノクロ図版とは違って、これなら大きさがわかる、色がわかる、形もどんな具合かわかる…。そういうわけで、ずいぶん長いことその前に立ちすくんで、一生懸命そのモウセンゴケを観察しました。

それで実物がどのようなものかがわかったものですから、もう一度探してみようと、探しに行ってみました。そうすると、今まで見逃していたのですね。ここは見たはずなのだけれども、という場所で、「あ、あった」…。そうなると、決して珍しいわけではなく、何箇所もそれらしい所に自生しているのが見つかりました。

この出来事からは、子供ながら実物を見るということがいかに大切か、ということを強く感じました。

## 実物に学ぶ＝自然に学ぶ

このように、学校で先生から教えていただいたわけではなくて、子供の頃にひとりでに身についたことですが、「まずは〝実物〟を見る、それから〝本物〟で学ぶ」ということを覚えました。つまり、モノクロームのペン画や写真とか図とかで学ぶよりも、本物で学ぶに越したことはないのです。それが「自然に学ぶ」ということそのものだというわけです。

もちろん中学生の頃のことですから、こんな風に理詰めに整理をしてこういうことが大切だと、人に説明できるようにはなっていないけれども、頭の中ではこういうことが出来上がっていましたね。

実はこの後、ノーベル賞を受賞したときにいただいたものの中で、金メダルの裏側のデザインが一番印象に残ったという話をしますけれども、それとモウセンゴケの一件がすごく繋がるのです。覚えておいてください。

これは自然観察だけではなくて、実験でも同じです。化学実験とか、いろいろな場面で共通して言えることですけど、

①　よく見る。すなわち、「**よく観察をする**」
②　観察したことを「**よく記録をする**」
③　記録したことに基づいて、いろいろなことを「**よく調べる**」
④　調べた上で、自分なりに「**よく考える**」

この四つが非常に大切だと、若い皆さんに話をしています。

ところが、「よく見ていればいい」というだけの問題ではない、ということに気がつく出来事があったのです。

## 天動説を信じる小学生

これは今から十五、六年前のことですから、あるいは覚えていらっしゃるかも知れませんが、こういうことがありました。

東京天文台で今は准教授をされている縣《あがた》秀彦先生のグループが、天文の知識や理科の好き嫌いなどについて二〇〇一年から二〇〇四年にかけてアンケートをとったことがあります。とりわけこのうちの北海道、長野、福井、大阪で、小学生を対象に、太陽と地球との関係をどんなふうに理解しているかを調べるための設問を作って、聞いたのです。具体的には、太陽と地球との関係について理解の度合いを調べるために、地球は太陽の周りを回っているのか、それとも太陽が地球の周りを回っているのか、つまり地動説か天動説か、どっちが正しいかを選ばせたというのです。そのアンケート結果をグラフに示したのが**図2**です。

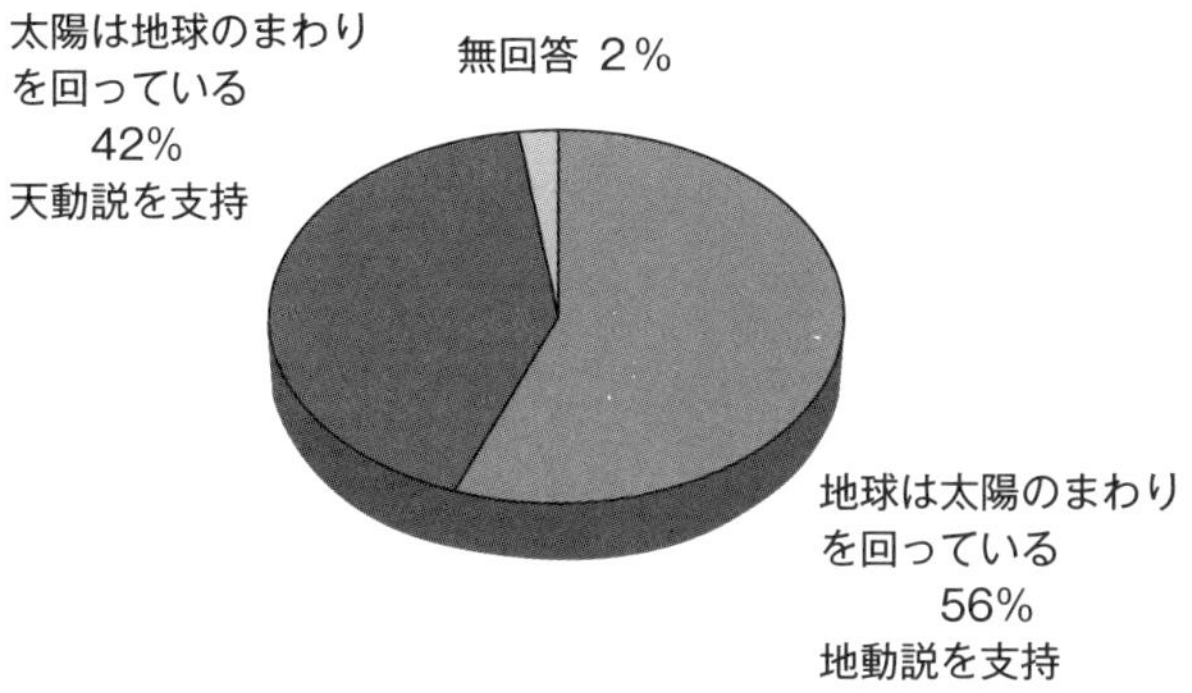


**図2　アンケート調査の結果（n＝348名）**

右側の五六%が、正解ですよね。これは地動説です。残りの四二%が、太陽が地球の周りを回っている、すなわち天動説を支持した割合です。無回答は二%に過ぎませんから、小学生の皆さんはとても真面目に答えてくれたようです。

ということで、縣先生たちはこのアンケート結果を天文関係の学会で発表したのだそうです。そこには、メディアも出席していたので、その結果はただちに新聞紙上、あるいはテレビその他で「天動説を支持する小学生が四割もいた、これは何たることだ」と報じられたのです。そして「理科教育が崩壊しているんじゃないか」「日本の理科教育はどうなっているのだろうか」と、日本国中が大騒ぎになりました。

## 小学生は地動説を教わっていない！

当時、私はこのことを新聞で読んだり、その他の報道を見たりして知っていました。私がいう、「よく観察をしなさい」ということからすれば、太陽は必ず東から出て、西へ沈むし、月も、星も、全部東から西へ移動しますから、自然をよく見ている小学生は当然、天体の方が動く、太陽の方が動くというふうに自覚するはずです。

では、学校でこの天体現象をどのように教えているか。学習指導要領によると小学校では、月の満ち欠けの理由も地動説も教えていません。中学校に行くと、天体の動きと地球の自転とか公転、それから太陽系と惑星との関係を教えることになっていますけれども、地動説、天動説の文言さえ教えていません。当然この二つの違いということについても教えていないのです。

高校生になってやっと天動説・地動説を学びますが、小学生は公式には教わっていないのです。高等学校学習指導要領（平成一一年三月版）には、こんなことが書いてあります。

（注・最新版では文言は異なるが同じ趣旨が記述されている）

「天動説から地動説への宇宙に対する見方や考え方の転換を扱うこと。その際、ケプラーの法則およびそれがニュートンの万有引力の法則の発見に繋がったことにも、ごく簡単に触れること」

私自身は、高校生のときにこんなふうに教わったことはなかったのですが、いずれにしても高校生になってから初めて学ぶことになっているのです。ですから、自然をよく見ている小学生は、太陽が地球の周りを回っていると答えたのは当然で、むしろ教えていないのにどうして地動説を知っていたのか、わたくしは不思議に思いました。

## 「知っていること」と「理解していること」は違う

つまり、「本当に知っているのだろうか」ということですね。内容はわからないけれどそういうことなんだと、正解として暗記しているのだったら、それは本当に学んだことにならないのではないか。

かいつまんで言うと、地動説が観測によって証明されたのは、年代からいうと一八三八年のベッセルによる恒星の年周視差の観測、これは観測器具をもたない素人にはとてもできないような観測です。一方、それから遅れてフーコーが地球の自転を示すのに、巨大な振り子で実験を行いました。いわゆる「フーコーの振り子」で、これは博物館とか、あるいは学校でこれを設けていているところもあると思いますが、このようなことを組み合わせないと、地動説が正しいかどうかはわかりません。

そこで、今日のわたくしの講演の主題である「知るということ」なのですけども、「知っていること」と「理解していること」は別問題なのです。単に知っているだけではダメで、

「なぜそうなるのか」を十分に理解していることが必要なのだというわけです。

## 三つのことに興味

話題を変えて二番目のトピックスにいきましょう。化学を好きになったきっかけのお話しです。

子供のころに、大人になったら学びたかった、あるいは研究したかったことが三つありました。

一つ目は植物採集が好きだったことから生物学、二つ目はラジオの組立てから電子工学、今で言うエレクトロニクスですね。それから三つ目に化学がありました。

## 風呂焚きのさなかに炎色反応

実際には研究者として導電性高分子の研究、つまり電気を通すプラスチックの研究をすることになるのですが、実は化学は単に自然を見ているだけでは見えてきません。自然観察の中からだけでは化学に興味を持ち得ませんでした。持ちようがなかったのです。何故かというと、自然をいくら観察しても化学反応を直接見ることはできないからです。

化学を好きになったのは家庭での手伝いがきっかけでした。小学校の四、五年生から中学生までご飯炊きと風呂焚きが私に課せられた家庭での手伝いでした。当時はガス釜もな

**写真３　卒業記念文集「道しるべ」**

将来の希望

白川　英樹

高校を卒業出来たら、出来ることなら大学へ入って化学や物理の研究をしたい。それは現在できているプラスチックを研究して、今までのプラスチックの欠点を取りのぞいたり、色々新しいプラスチックを作り出したい。現在ナイロンのくつ下や、ビニールのふろしき等が出来ているが、あつい弁当をつゝむと、のびたままもとにもどらない。非常に熱に弱い、これも一つの欠点である。これらの欠点をのぞき、安価に作れるようになったら、社会の人々にどんなに喜ばれる事だろう。日常品のあらゆる方面に利用されるだろう。僕は以上の事を将来の希望としたい。

いし、電気炊飯器もありませんでした。燃料のすべてが薪でした。薪を燃やす。そこで、いろいろいたずらができたのです。ご飯炊きは短時間で済むけれども、とりわけ火の調節がむずかしかったから他のことをする余裕が無かったのですが、風呂焚きの方は二時間も三時間もかかります。そこでその間に、例えば金属の炎色反応とか、マッチの軸や木の葉などをガラスのアンプルに詰めて乾留をする、いわゆる炭を作るといういたずらをやっていたわけです。それが私にとっては、マイケル・ファラデーの「ロウソクの科学」を実践していたようなもので、いつの間にか化学を好きになっていきました。

化学を好きになったけれども、プラスチックは全然遠い存在でした。それでも中学校の卒業記念文集「みちしるべ」のなかには、ほんの短い十一行の「将来の希望」というような短い文章を書いていて、この中にプラスチックの話を書いていました（**写真3**）。

## 弁当からプラスチックに興味の萌芽

そこには、高校を卒業できたら大学に入って化学や物理なんかを勉強したい、研究をしたい、プラスチックの欠点を取り除きたいということが書いてありました。

その理由は、当時は給食じゃなくて弁当持ちでしたから、母はおかずの汁がこぼれないように、当時普及し出したポリ塩化ビニール、いわゆるビニールのシートでくるんでくれていました。ところが炊きたての熱いご飯をアルミの弁当箱に詰めてくれていたので、弁当箱がものすごく熱くて、ビニールシートはすぐに伸びきってしまう。お昼頃には冷えて弁当箱の形そのままに固まってしまいます。次の日に使うときにどうするかというと一生懸命手で伸ばすしかない。それが非常に不便に思ったのです。

こうした欠点を取り除きたい、というようなことを書いていましたね。プラスチックに興味を持ったわけです。とはいえ、興味をもったとは言っても、実際に本当にそれを学んで研究するまでになりたいかというと、その当時はそれほどの考えはありませんでした。

## いよいよ進路を決断~化学の道へ

高校生になると、大学に入って何をするか、どう学ぶかということが最大の関心事でしたので、友達と一緒に、ああだこうだといろいろなことを話しあっていました。先ほど掲げた三つの分野の中で、それぞれどんなところで、どんなことが勉強できるのかと・・・。

例えば、生物学だったら理学部の生物化学科や農学部の農芸化学科で植物の品種改良、電子工学だったら工学部の電子工学科や理学部の物理学科でエレクトロニクスの研究ができる、化学でも高分子合成なら理学部の化学科、高分子学科や、工学部の応用化学科、高分子工学科で研究できるなど、いろいろな学部・学科があることを知りました。この当時はまだ理学も工学もあまり区別はついていなかったのですけれども、とにかくこうした進路があるのだというような話をしていました。

結局、わたしが受験に合格した当時の東京工業大学には、理学部も工学部もなくて、理工学部という単科大学だったのです。それも幸いをして、三百数十人、四百人に満たない全員が理工学部に所属をして、二年生まで教養教育と一般教育を受けて、それから専門に移るという教育方式でしたので、私は化学工学科という学科に進学することになりました。

## 2　大失敗がきっかけでポリアセチレンの薄膜化に成功

### ポリアセチレンの研究へ

化学工学というのは非常に幅の広い学問で、いわゆる狭い意味での化学工学、単位反応、単位操作など、反応装置をつくるような、むしろ機械工学科のみたいな分野と、それから応用化学の分野に分かれています。その応用分野の中に高分子を研究されている先生方がおられました。

学生時代の話は省略しますが、学部で四年生まですごし、修士・博士課程の五年間も終わって、幸い大学に残ることになりました。そのときに、大学に残ることになった研究テーマは、卒業論文や修士論文、博士論文と全然違ったポリアセチレンの研究でした。大学に入って間もない頃、まだ私が本格的な研究を始める以前、学会ではこんなことが話題になっていました。

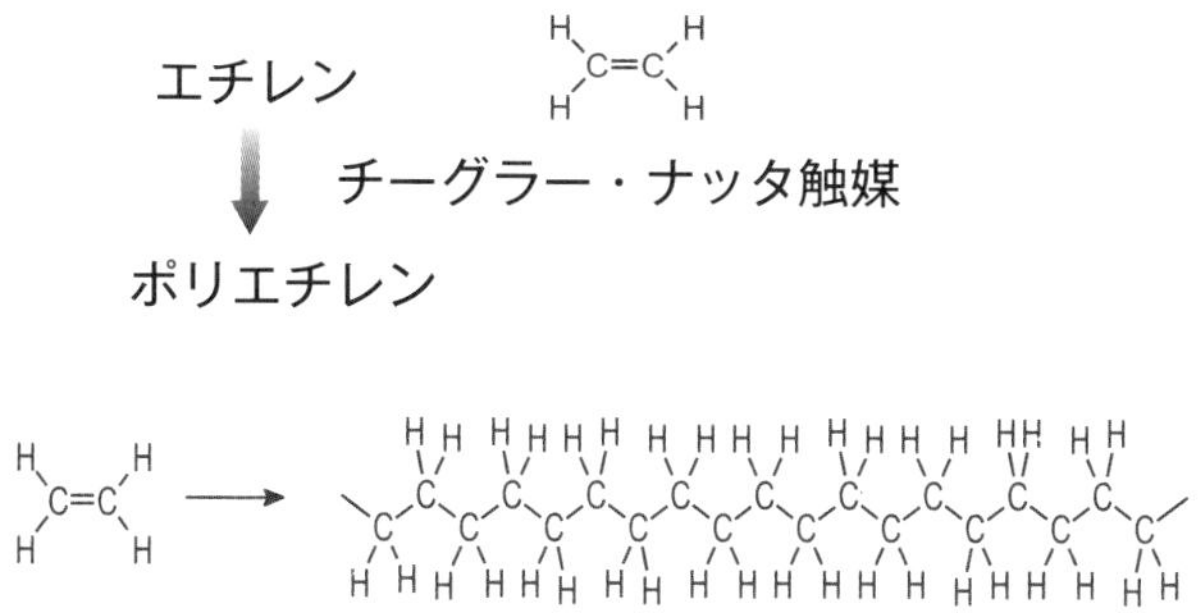


**図3　エチレンを重合するとポリエチレンができる**

## 金属のように電気を通す高分子がある

「こんな分子が合成できたら、それは金属になるのではないか」というのです。一九四〇年代から五〇年代にかけて行われた理論的な研究で、当時はそのような分子は合成できていませんでした。

**図3**に示した分子は、エチレンを重合してできるポリエチレンで、単結合でつながった高分子です。ところが、アセチレンを重合すると**図4**のような二重結合と単結合を交互に繰り返す、いわゆる共役系の分子になります。これが無限に長くなるとこの二重結合と単結合の差が消失して、これはベンゼン環と同じように一・五重結合になるだろうと予測されていたのです。そうなるとπ《パイ》電子が完全に非局在化して分子全体に広がるというの

---

**重合**　二つ以上の小さな分子が結合して、大きな分子（高分子）の化合物をつくること。前者の小さな分子をモノマー、後者の大きな分子をポリマーともいう。

**単結合**　二つの原子がそれぞれ電子を出し合う共有結合のうち、電子対一つを含む結合。構造式では「－」で表す。

**二重結合**　二つの原子がそれぞれ電子を出し合う共有結合のうち、電子対二つを含む結合。構造式では二本線「＝」で表す。

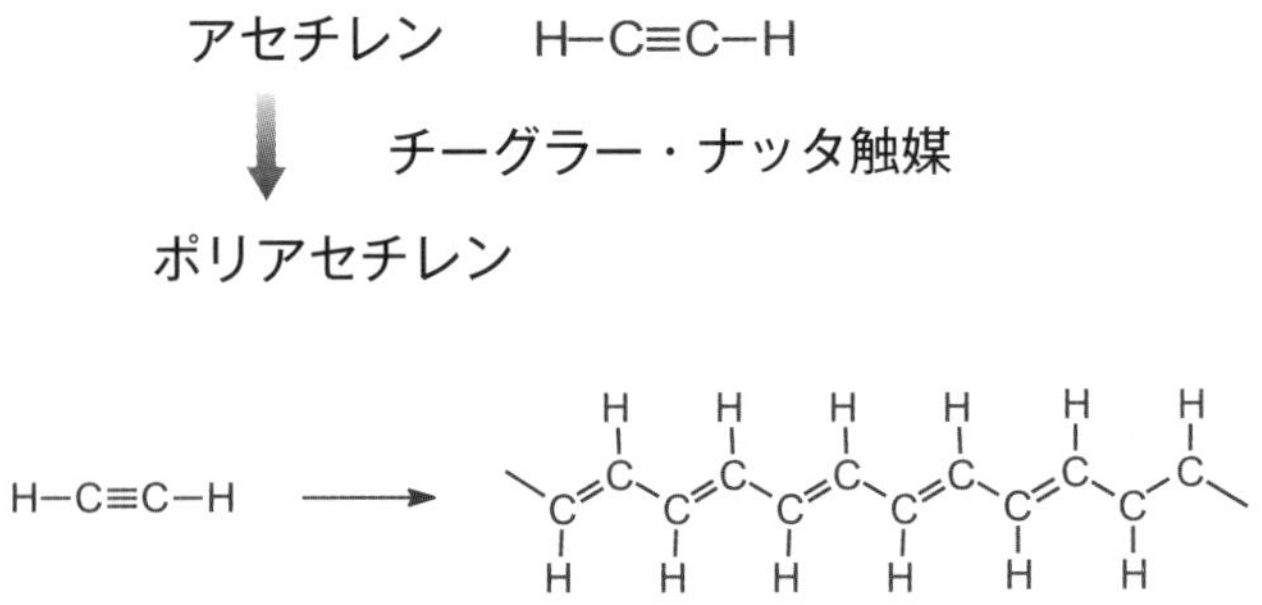


**図4　アセチレンの重合によるポリアセチレンの生成**

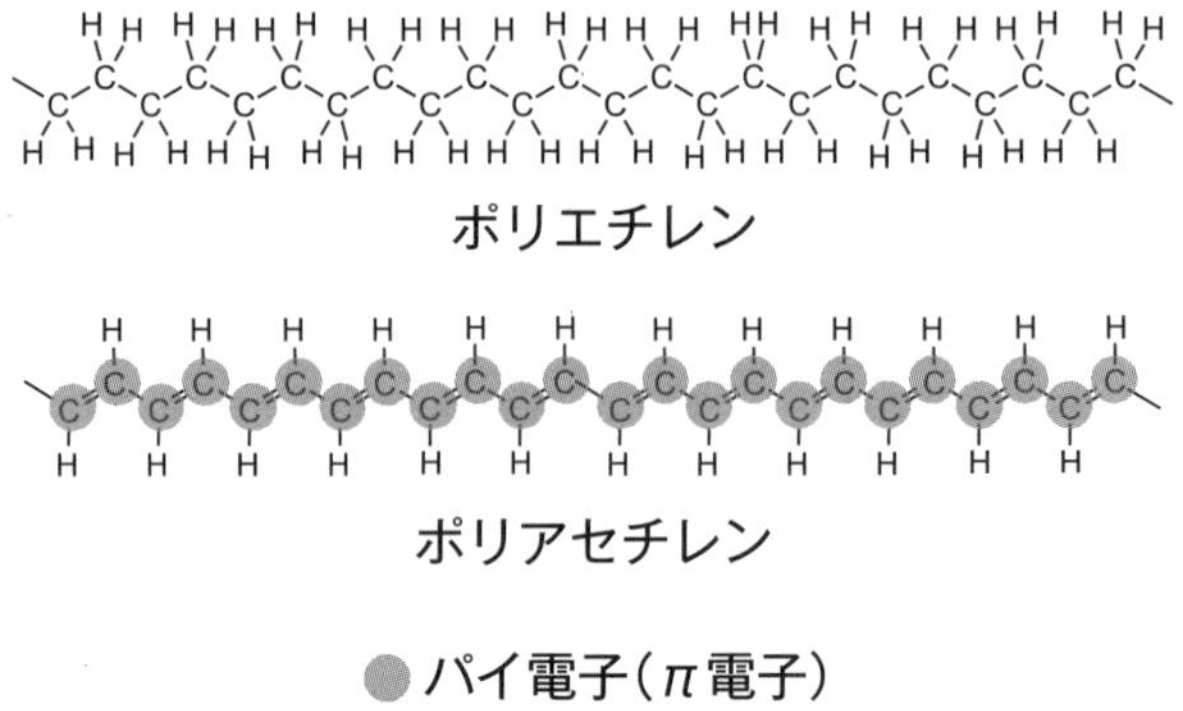


**図5　ポリエチレンとポリアセチレンの分子構造**

ですね（**図5**）。それは、金属のモデルそのもので、自由電子はないけれども、導電性を持つだろうと理論研究から推測されたのです。

## ポリアセチレンという物質

後に導電性が実現したポリアセチレンですが、図5に示したように$\pi$電子があります。p軌道に入っているp電子（実は$\pi$電子）が隣のp軌道の$\pi$電子と対を作るので、もうひとつの単結合と併せて二重結合、つまり$\sigma$《シグマ》結合と$\pi$結合で二重結合ができます。その$\pi$電子を分子構造図に加えると図5（下）のようになります。

物理学者が目を付けたのは、この$\pi$電子が一次元的に綺麗に並んでいる、つまり一列に並んだ多数の$\pi$電子が示す諸物性、とりわけ電磁気的性質だったのです。物理学者はこのような分子を一次元系の物質として興味を抱いたのです。

---

**ベンゼン環**　ベンゼンなどの芳香族化合物に見られる、もっとも基本的な正六角形の構造で、六つの炭素原子からなる。原子間の結合はすべて等価で、単結合と二重結合の中間の性質を有する。

**$\pi$電子**　二重結合は、二つの原子を結ぶ方向の軌道により形成される$\sigma$結合と、それに直交する方向にのびた軌道（p軌道）の重なりによって形成される$\pi$結合からなる。このうち$\pi$結合をつくっている電子を$\pi$電子という。共役二重結合では、$\pi$電子が1つの原子だけでなく分子全体に広がって（非局在化）、結合を強化して分子を安定させる。

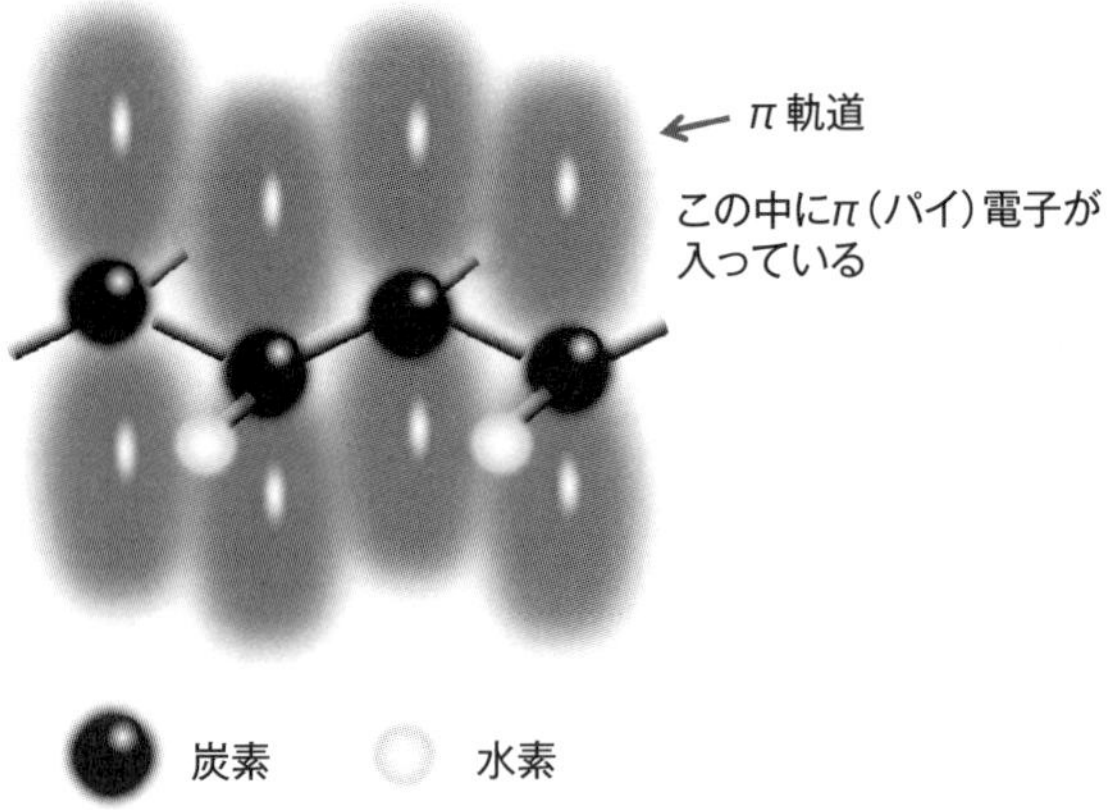


**図6　ポリアセチレンのπ軌道**

現実の世界は三次元ですが、次元数が低くなればいろいろな計算も簡単になるし、基本的な様々な性質が浮かび上がってくるということで、非常に関心を持たれていたのです。

もうすこし詳しく説明すると、σ軌道が重なってできるσ結合に加えて、二つのπ軌道が隣同士で大きく重なってπ結合ができるためにこの結合は二重結合になる。ところがひとつおいた隣同士のπ軌道は重なりが少ないですから、図5のように二重結合と単結合が交互に並ぶことになります。このような分子構造を共役系と言います。

ところが、共役系が無限に長くなると、単結合はπ結合の寄与が強くなって一・五重結合に、二重結合はπ結合の割合が少なくなって、これも一・五重結合になると考えられたのです。言い換えれば隣同士が半々ずつ重なって**図6**のような状態が実現できる。いわば一・五重結合が分子全体に及んでいる状態に相当するものなのです。無限に長い共役系分子（仮想的なポリアセチレン）の分子軌道はバンド（電子のエネルギーの帯）を作りますが、結合性軌道が作るバンドと反結合性軌道が作るバンドが密着してしまうので、自由に電子を流れる金属と同じ状況が実現できる、と考えられたのです。

しかし、その後詳しい理論研究により、いくら共役系が長くなってもすべての結合が同じ一・五重結合になることはなく、一つおきに結合の強さに差が生ずるために金属にはならないという説が有力になりました。一九六〇年代のはじめの頃です。

現実にこのような高分子、つまりポリアセチレンが合成されたのはイタリアの高分子学者ナッタによるアセチレンの重合反応でした。一九六八年のことです。ナッタはドイツの有機化学者チーグラーとともに、いわゆるチーグラー・ナッタ触媒の開発とオレフィンの立体規則性重合の開発で一九六三年にノーベル化学賞を受賞しました。

チーグラー・ナッタ触媒を改良した次世代の触媒は現在でもエチレン、プロピレンその他のオレフィンの重合で大活躍をしています。

---

**分子軌道**　分子内の電子の運動状態を表す軌道。

**反結合性軌道**　重なり合った二つの軌道の重なり合った部分の電子密度が低くなると、それぞれの原子を引き離して結合を壊す性質を持つことになり、その軌道を反結合性軌道という。

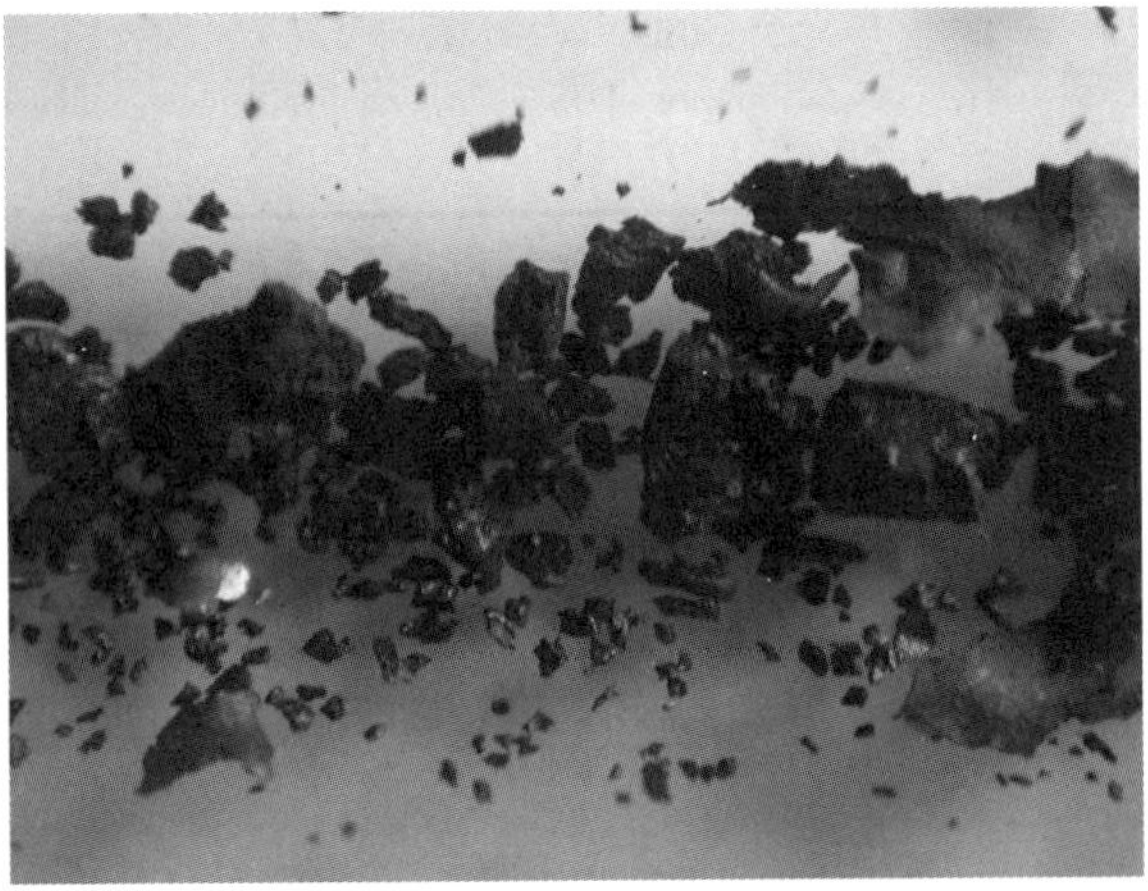

写真4　ポリアセチレン粉末

　ところでナッタが最初に合成したポリアセチレンは**写真4**に示したような真っ黒い炭のような粉末でした。

　ほとんどのポリマーは熱を加えると柔らかくなるプラスティシティー（plasticity：可塑性、柔軟性）があり、プラスチック（plastics）と呼ばれるゆえんです。ポリエチレンなどは、かなり熱した溶媒でないと溶けませんが、溶けたらそこから膜を作るとかいろいろな形を作ることができます。物性の研究をする際、研究に適した形状に加工して測定する必要があります。

　しかし、このポリアセチレンは写真4に示したような粉末でしか合成できず、一切溶媒がないために測定に適した形状の試料を作ることができませんでした。このために多くの研究者がこの物質に興味をもちながら、どうしようもな

**写真５　薄膜状ポリアセチレン**
撮影：筑波大学 後藤博正

くて結局は諦めて撤退をしていった、という背景があったのです。

私自身も仕方がないからこの粉末を使って研究を始めました。私の当面の研究目的はアセチレンの三重結合が触媒とどのように反応して共役結合をもったポリアセチレンができるか、その反応機構を明らかにすることでしたから、粉末を試料として研究を行うのはなかなか難しいことでした。ほとんど進展がなかったのですが、あれこれ模索をしながら重合反応を続けているうちに**写真５**のような薄膜状に合成する方法が見つかったのです。

どのようにして見つけたかというと、これは明らかな失敗なのですけれども、誤って通常よりも千倍も濃い触媒を使ってしまったのです。気づかずに千倍も濃い触媒を使ってしまったという大失敗でできたものは、薄膜状とはほど遠いが、従来の粉末とも異なる形状をしており、当時はこれを「ぼろ雑巾」と名付けていました。粉末ができるはずでしたので、この実験は明らかに失敗でした。なぜ失敗したのか、その理由を明らかにしたいという思いと同時に、この「ぼろ雑巾」をなんとかして膜状にする条件を見出せれば、研究は大いにはかどるだろうという意図のもとに、失敗した実験条件の再現を図る実験を繰り返しました。程なく触媒の濃度を千倍以上濃くすると、写真5のような金属光沢をもった薄膜状に重合することに成功したのです。

私自身も、こんなに金属光沢を持っているのだったら電気が通るのかも知れないと考え、電気工学科の先生と共同で電気伝導度の測定を試みたのですが、結局はほとんど絶縁体、よくて半導体だという実験結果を得るにとどまりました。

偶然に合成できたポリアセチレンの薄膜を試料として使えたおかげで、それから間もなく私の目的だった反応機構の解明は短時間で終わりました。短時間といっても、多分三年くらいかかったと思います。

それから後はこれを材料としてどんなことができるかというのを、試行錯誤を続けましたが、失敗続きでなかなか成功しないので、論文が書けるような仕事にはなりませんでした。

# 3　導電性高分子とは

## マグダイアミッド先生との出会い

ポリアセチレンの薄膜化に成功してから七、八年過ぎた一九七五年秋のある日、ペンシルベニア大学教授のアラン・G・マグダイアミッド先生とお目にかかるという機会がありました。先生は硫黄の化合物に関する研究をされている研究者で、サバティカル（長期有給休暇制度）を利用して京都大学に交換教授として滞在されていました。東京で講演をされたおりにポリアセチレンの薄膜をお見せしたら、飛び上がらんばかりに驚かれて、「面白そうだ、アメリカに来ないか？」ということで、私はアメリカに行くことになったのです。マグダイアミッド先生は、二〇〇〇年にノーベル賞化学賞をいただいた際の共同受賞者のひとりです。

日本に滞在している間に何回かお会いして、ディスカッションを通じてわかったことは、マクダイアミッド先生ご自身は、もちろん個人的な興味はあったのだけど、理学的というのかサイエンスとして、アルミ箔のような金属光沢をもつポリアセチレンの薄膜により興味を持たれたのは、同じペンシルベニア大学で教授をされていたアラン・J・ヒーガー先生という物理の先生のほうでした。ヒーガー先生も二〇〇〇年に共同受賞されたお一人で、ヒーガー先生とマクダイアミッド先生は当時から共同研究されていたのです。π電子の一次元系という話を前述しましたけれども、ヒーガー先生は、その一次元系物質についての研究をされていたものですから、ポリアセチレン薄膜に非常に興味をもたれたというわけです。

ヒーガー先生は当時盛んに研究され始めたポリチアジルという物質の物性を研究したくて、硫黄化合物の研究をされていたマクダイアミッド先生にその合成を依頼したことがきっかけで共同研究を始めていたのです。

ポリチアジルという物質は硫黄と窒素原子が交互に連なった金色の金属光沢をもつ無機の共役系高分子です。ヒーガー先生はポリチアジルのような金色だけではなく、アルミ箔のような金属光沢をもったポリアセチレンの薄膜にも興味を抱かれたのでしょう。

## カギは「ドーピング」だった！

そのような次第で一九七六年の九月に博士研究員としてペンシルベニア大学に行って、さっそくポリアセチレン薄膜を作って、反射率の測定などを始めているなかで、ヒーガー先生、マクダイアミッド先生、私、それからそれぞれの研究室の博士研究員の皆さんとディスカッションしているうちに、これはもしかしたらハロゲンを少し加えると何かが起こるのではないかということになりました。いわゆる「ドーピング」（物質の性質を制御するため不純物を添加すること）です。

その当時、もちろん私はドーピングという言葉は知っていましたが、それはスポーツの「ドーピング」（禁止薬物の不正使用）のことであって、実際に無機半導体の分野でドーピングという言葉はあるにはあったけれども、私には馴染みのない分野でした。ですから、ドーピングということは毛頭考えてはいなかったのですが、結果的にはカギはドーピングだったというわけです。

## 電気が流れる原理は？

渡米して間もない十一月に、電気伝導度の測定をしながら、ポリアセチレン薄膜のドーピング実験を試みました。片対数グラフの横軸には時間を、縦軸には比電導度をプロットしたものが**図7**で、矢印のところでほんの数滴の臭素をフラスコの中に入れると、グラフに示すようにさーっと伝導度が上がって、三十分で一〇〇万倍近くに電気伝導度が上がりました。豆電球にこのポリアセチレンの一片を繋ぎ、電池を使って電圧をかけると豆電球が点灯するくらいに電気が流れたのです。

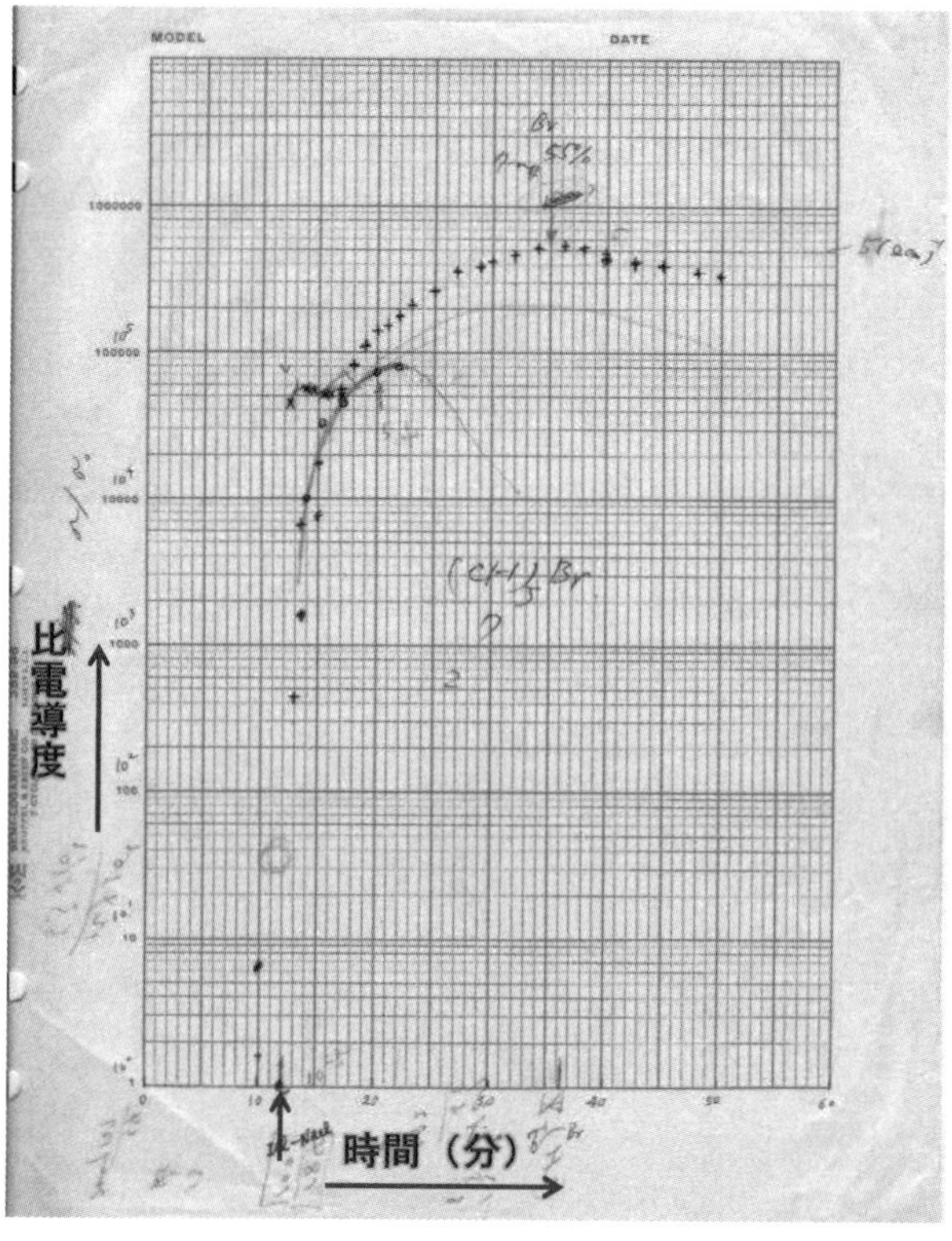


図７　ペンシルベニア大学で行った、臭素を使った
最初のドーピング実験結果（1976年11月23日）

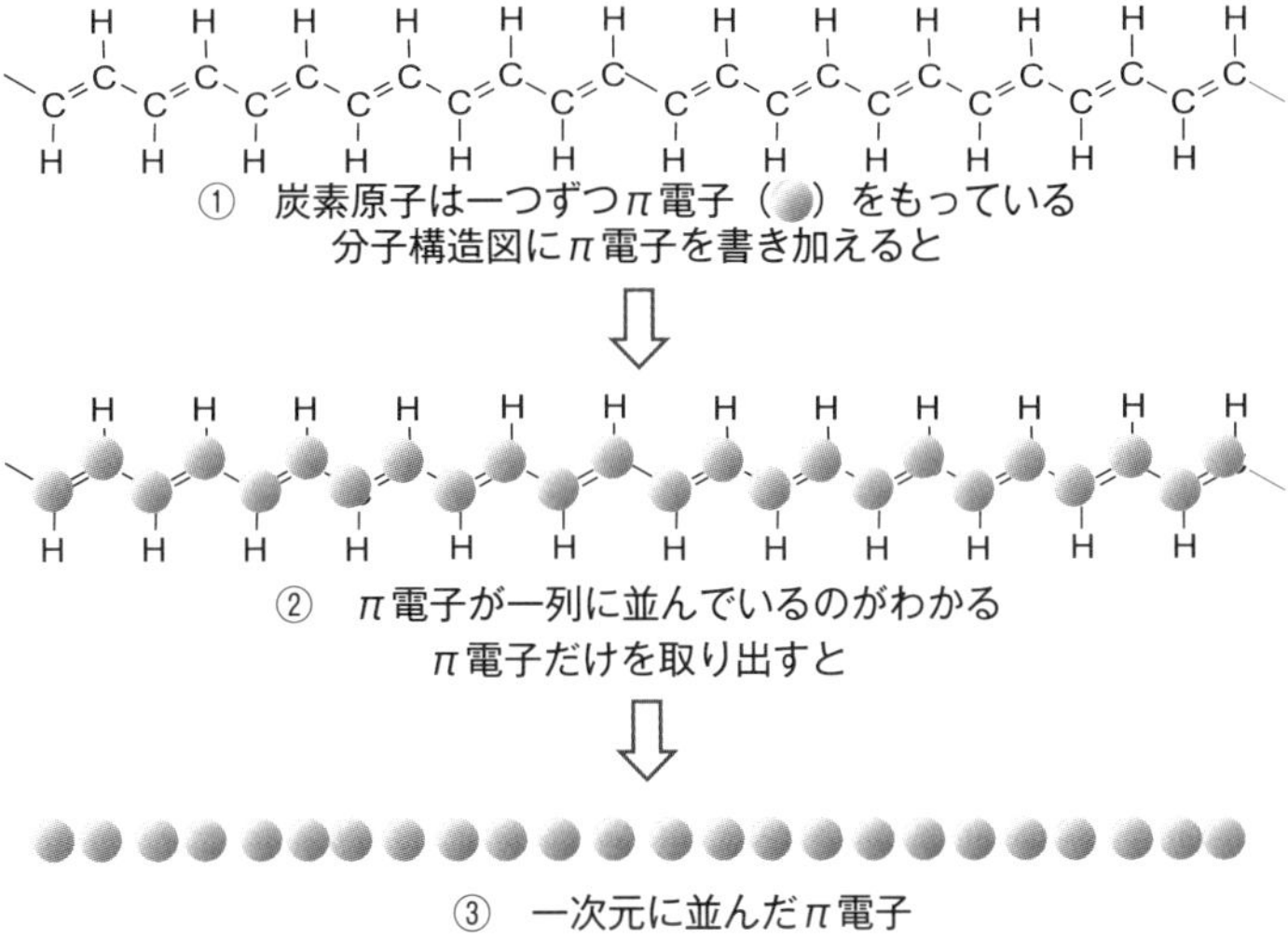
① 炭素原子は一つずつπ電子（ ）をもっている
分子構造図にπ電子を書き加えると
② π電子が一列に並んでいるのがわかる
π電子だけを取り出すと
③ 一次元に並んだπ電子

**図8　ポリアセチレン中のπ電子**

この場合の「ドーピング」というのはどういうことなのか、その直後から固体物理学者の興味をものすごく惹きました。自由電子がない物質になぜ電気が流れるのでしょうか。

やさしく説明をすると、π電子の一次元系にアクセプター（電子を受け取る性質が強い分子）とかドナー（電子を与える性質が強い分子）を加えるということなのです。例えばアクセプターだったらヨウ素とか硫酸、塩酸、硝酸のような酸、それからドナーだったらアルカリ金属、アルカリ土類でもいいと思いますけれども、電子供与体を加えるというわけです。

## 電子を受け取るアクセプタードーピング

例えば、アクセプターを加えると、ポリ

アセチレンからπ電子を奪ってアクセプターは負のイオンになり、ポリアセチレンには電子の抜け穴であるホールが生まれます。このホールは正の電荷をもっていますので、これが動けば電気が流れることになります。もちろん、このまま電位差を与えなければ、熱振動をするだけで、ホールは勝手に一方向に動くわけはありません。これに電圧を加える、つまり電界の傾斜をつけると、**図8**の左上の電子は右下に落ちてくる、ホールを埋めるわけです。一方、ホールはどんどん浮き上がって上にいきます。ずっと右から左に行ってまた戻ってくる。当然、アクセプターはたくさん加えているからあちこちでホールができて、それが電圧をかけると一斉に流れる、つまり電気が通るというわけです（**図9**）。

## 電子を与えるドナードーピング

またドナードーピングの例を**図10**に示します。電子を与える力の強い薬品、電子供与体（ドナーD）には、たとえば、リチウム、ナトリウム、カリウムなどがありますが、これを加えると、ドナーはポリアセチレンの伝導帯に電子を与えて、自身は正のイオン（D＋）になり、ポリアセチレンには自由に動ける電子ができます。ドーピングの結果、伝導帯に電子が入った状態になるのです。しかし、自由電子は電圧を加えないと動けません。ここで、電圧をかけるとπ電子の列は電界の場により傾き、このためにドナードーピングによって伝導帯に注入された電子は右方向に転がり落ち、電流となって流れます。

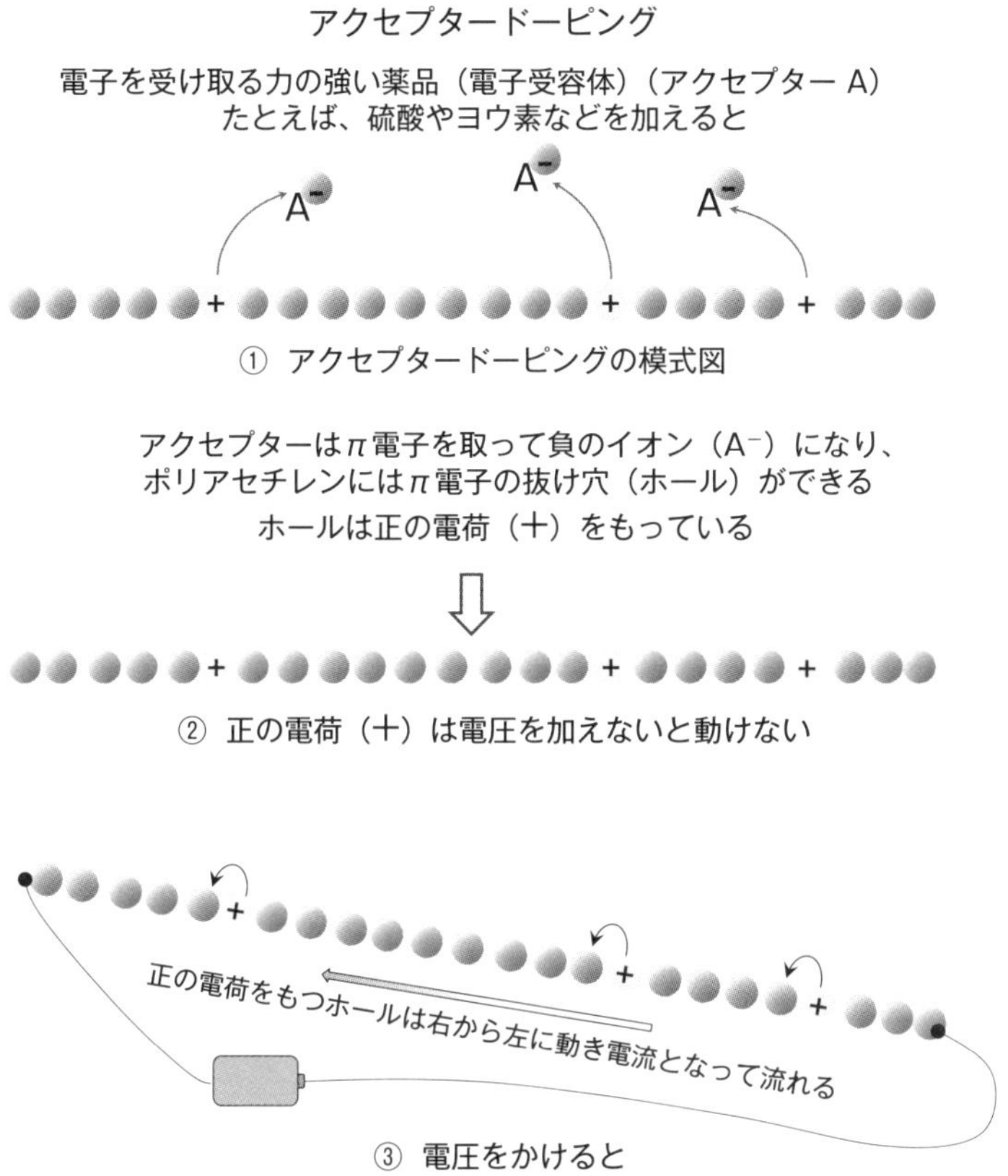
アクセプタードーピング
電子を受け取る力の強い薬品（電子受容体）（アクセプター A）
たとえば、硫酸やヨウ素などを加えると
A⁻
A⁻
A⁻
①　アクセプタードーピングの模式図
アクセプターはπ電子を取って負のイオン（A⁻）になり、
ポリアセチレンにはπ電子の抜け穴（ホール）ができる
ホールは正の電荷（＋）をもっている
②　正の電荷（＋）は電圧を加えないと動けない
正の電荷をもつホールは右から左に動き電流となって流れる
③　電圧をかけると

電圧をかけるとπ電子の列は電界の場により傾き、このためにホールの左隣の電子が右側のホールに転がり込み、ホールは左に移動して動き電流となって流れる。

**図9　アクセプタードーピングの模式図**

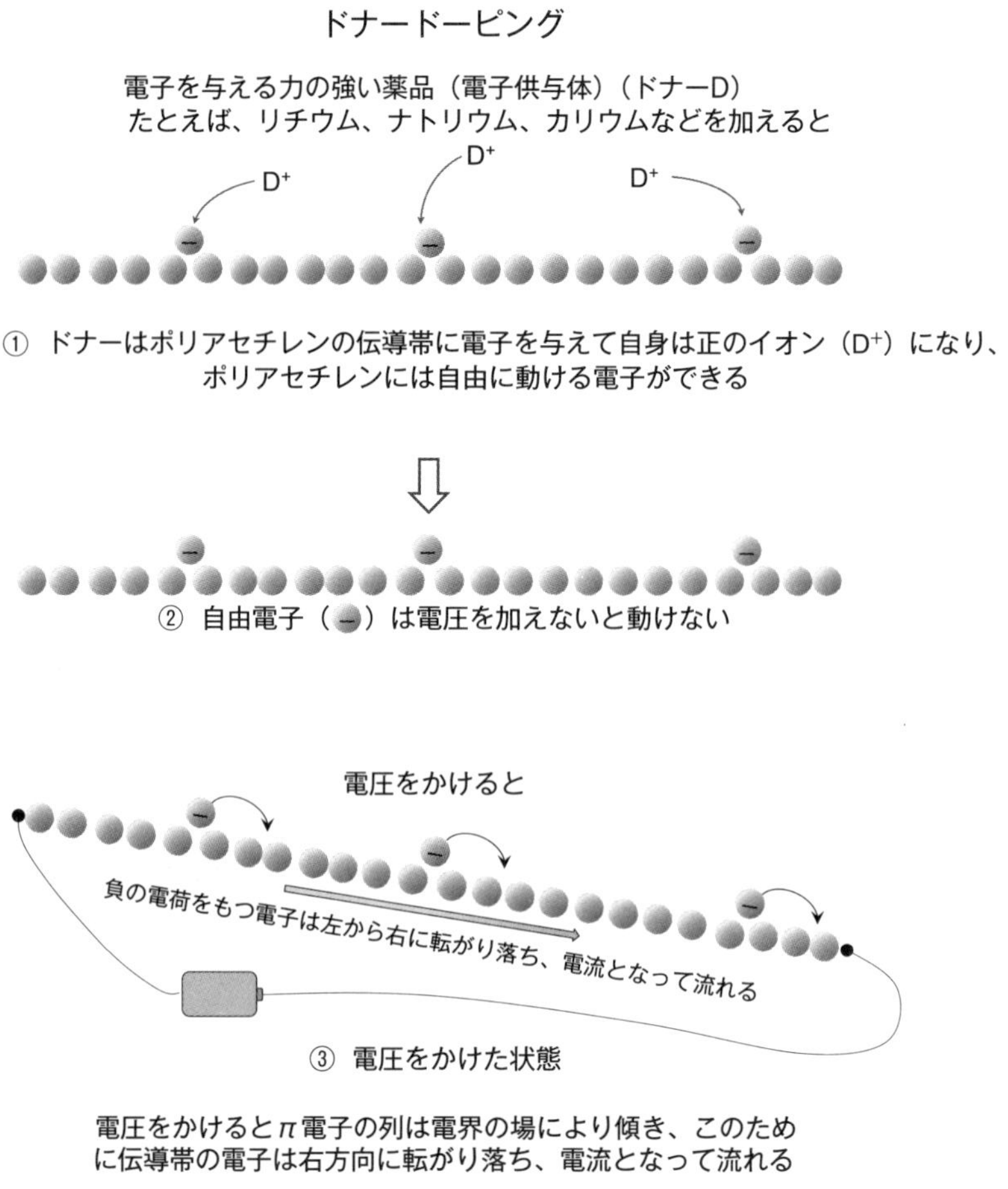
ドナードーピング
電子を与える力の強い薬品（電子供与体）（ドナーD）
たとえば、リチウム、ナトリウム、カリウムなどを加えると
D⁺
D⁺
D⁺
① ドナーはポリアセチレンの伝導帯に電子を与えて自身は正のイオン（D⁺）になり、
ポリアセチレンには自由に動ける電子ができる
② 自由電子（ ）は電圧を加えないと動けない
電圧をかけると
負の電荷をもつ電子は左から右に転がり落ち、電流となって流れる
③ 電圧をかけた状態
電圧をかけるとπ電子の列は電界の場により傾き、このため
に伝導帯の電子は右方向に転がり落ち、電流となって流れる

**図10　ドナードーピングの模式図**

# 4　ノーベル賞とセレンディピティー

## 三人でノーベル賞を受賞

こうしてポリアセチレンの研究成果が世界中に広まって、研究者の皆さんもまたポリアセチレンやその他の導電性高分子を研究するようになり、並行して企業による導電性高分子の応用研究が盛んに行われるようになりました。電気を通すプラスチックの発見は「有機物は電気を通さない絶縁体」という常識を覆す画期的で、独創的な研究成果であるとして、ノーベル化学賞をいただくことになり、その発表が今から十七年前の二〇〇〇年十月十日にノーベル化学賞選考委員会からありました。

授賞式はノーベルの命日である十二月十日に行われました。この年の受賞者は結構多くて物理学賞が三人、化学賞が三人、医学生理学賞が三人、文学賞が一人、経済学賞が二人と、全部で十二人でした。平和賞を加えると十三人ですが、その授賞式はオスロで行われるのが恒例ですので、ストックホルムには十二人の受賞者が出席してそれぞれにグスタフ国王からメダルと賞状が授与されました。

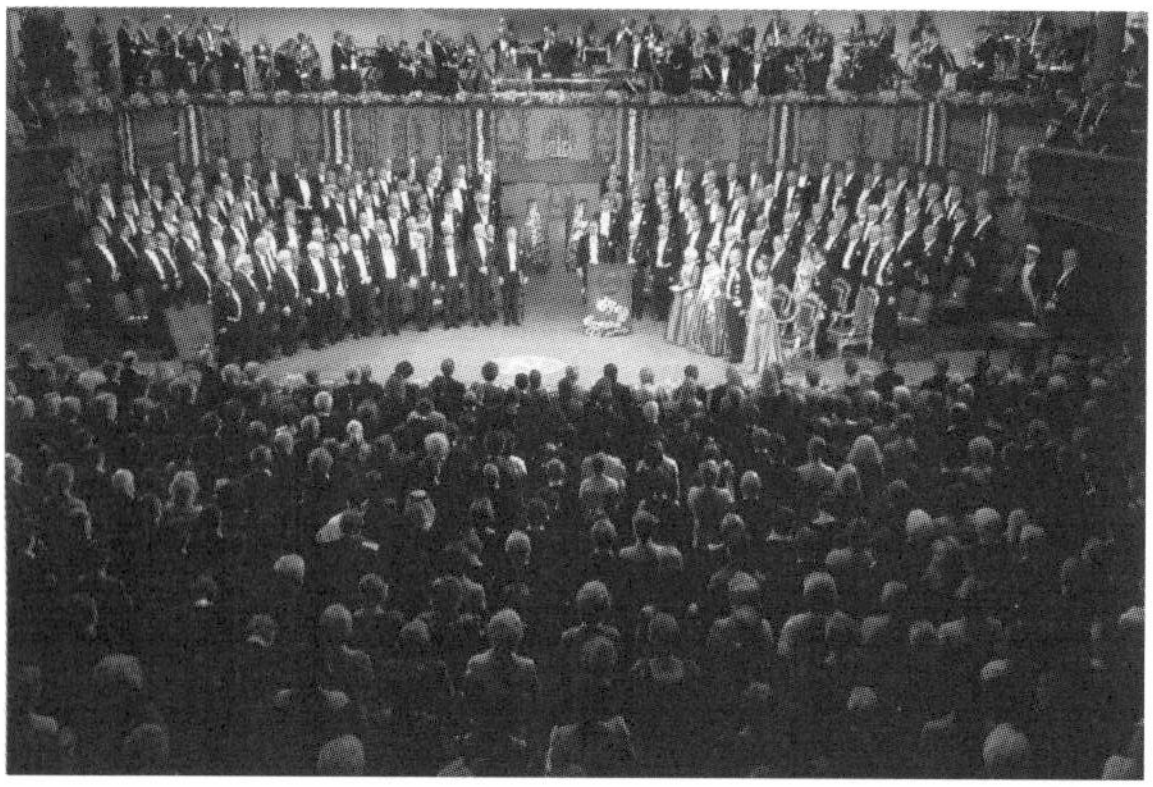

写真：読売新聞社

**写真６　ストックホルム市のコンサートホールでの授賞式（2000年12月10日）**

写真：読売新聞社

**写真７　スウェーデン国王カール・グスタフ16世から賞状とメダルを授与**

**写真８**が、賞状とメダルをいただいた直後の私たち三人です。左からアラン・Ｊ・ヒーガー先生、アラン・Ｇ・マクダイアミッド先生、私です。手に持っている金色の筋の入った小さな箱がメダルの箱、その下が賞状ですね。

写真：読売新聞社

写真８　三人の共同受賞者。左からアラン・J・ヒーガー先生、アラン・G・マクダイアミッド先生、著者

### メダルの自然の女神と科学の女神

さて、前述したメダルの話です。**写真9**が表で、裏が**写真10**です。二人の女神が雲の上に立っています、左側の女神の左にラテン語でナトゥーラ（NATURA）、右側の女神の右側にスキエンティア（SCENTIA）とラテン語で記されています。これだけ言えば皆さんおわかりだと思いますが、いうまでもなくナトゥーラは英語のネイチャー（Nature）だし、スキエンティアはサイエンス（Science）です。

二人の女神の足下に受賞者の名前と、受賞の年がローマ数字で刻印されています。

### ベールに包まれた自然の核心に迫る

左側に立っている女神が自然の女神、右側が科学の女神という図です。自然の女神は、薄いベールをまとっています。

©®Nobel Foundation

**写真9　ノーベル賞のメダル（表）**

©®Nobel Foundation

ナトゥーラ（左側）とスキエンティア（右側）

**写真10　ノーベル賞のメダル（裏）**

科学の女神は自然の核心に迫るにはベールが邪魔になるので、そっとベールを持ち上げている。これこそが科学をする行為というわけで、私は大変この図柄が気に入っているのです。

このメダルは、ノーベル賞の選考母体であるスウェーデン王立科学アカデミーが選考する物理学賞と化学賞の二つに共通です。ちなみに医学生理学賞はカロリンスカ研究所が選考母体ですので、裏側は別の図柄になっています。

私自身は、この女神の図柄を見たときに、科学する行為には二つの面があるんだなぁと感じました。一つは自然をよりよく知ろうとする知的好奇心であり、もう一つは自然と共存するための知識を得るということだと見たわけです。

自然をよく知ろうとする知的好奇心というのは、これは科学そのものである。一方、自然と共存するためにいろいろな知恵を自然から得る、その知恵を元にして人工的にいろいろなものを作る、それが技術なんだ、というわけです。「科学技術」と一言で言ってしまうけれども、科学と技術は別物で、これだけ違うんだということを、改めてこの図柄を見て感じました。

ノーベル化学賞選考委員会委員長のノルディエン教授から受賞記念講演の後、“セレンディップの三人の王子”と紹介

（写真：筑波大学 木島正志）

**写真11　2000年12月８日の受賞記念講演会**

## 「セレンディップの三人の王子」と紹介

さて、「セレンディピティー」の話ですが、授賞式の二日前に受賞記念講演会が催されるのが通例です。受賞者の義務として、高校生にもわかるように、やさしく自分の受賞対象の業績について話すように、繰り返しノーベル財団から要請されていました。そこで四五分ぐらいの話を、私、マクダイアミッド先生、ヒーガー先生の順にしました。それぞれの話が終わると、化学賞選考委員会の委員長を務められたノルディエン先生は我々三人を演壇に招いて改めて紹介して下さいました。

そのときになんと、「セレンディップの三人の王子」と紹介していただいたのです。これだけ言われると私には、「これは〝セレンディピティー〟のことを指しているのだな」とわかりました。セレンディピティーとは、「偶然や失敗がきっかけで、目的以上に素晴らしい発明や発見をする能力」という風に辞書に書いてあります。要するに私の失敗実験を指しているのです。ノルディエン先生は、導電性高分子が失敗実験から生まれたということはあからさまには言われなかったのだけれども、そういうことを言うからには、化学賞選考委員会は我々が行った導電性高分子の研究を洗いざらい調査した上に、さらに私自身の失敗実験のことまで把握されていたのでしょう。これは私にとっては大変な驚きで、ノーベル賞の選考というのは、そんなことまで調べているのか、と大変に感銘を受けるとともに、大変光栄に思いました。

ところで、私自身が「セレンディピティー」という言葉を初めて知ったのは、ポリアセチレン薄膜ができて間もない頃でした。ですから、もう数十年も前のことになりますけれども、そのときも、二〇〇〇年当時のときも、この言葉のもととなった『セレンディップの三人の王子』という物語は翻訳されていなかったので日本語で読むことはできませんでした。私の受賞後に、何冊か翻訳書が出版されています（**写真12**）。

「セレンディップ」とは国の名前で、今でいうスリランカです。昔はセイロンと呼ばれていましたね。

「セレンディップ」という言葉から「セレンディピティー」という言葉を創ったのは、イギリスの文筆家のホーレス・ウォルポール（Horace Walpole）という人です。ホーレスが、

『原典完訳 寓話セレンディッポの三人の王子』クリストフォロ・アルメーノ著、徳橋曜監訳、角川学芸出版（2007）

『セレンディップの三人の王子』エリザベス・ジャミソン・ホッジス著、真由子・V・ブレシャニック、中野泰子、中野武重　共訳、バベルプレス（2004）

『セレンディピティ物語―幸せを招ぶ三人の王子』エリザベス・ジャミスン・ホッジス著、よしだみどり訳・画、藤原書店（2006）

『セレンディップの三人の王子たち〜ペルシアのおとぎ話〜』竹内慶夫編訳 偕成社文庫（2006）

**写真12　翻訳出版された『セレンディップの三人の王子』**

## 「セレンディップの三人の王子」の物語とは?

『セレンディップと三人の王子たち』(竹内慶夫編訳、偕成社文庫、二〇〇六年)より

むかしむかし、東方のセレンディップという国に、かしこく品格を備えた三人の王子がいた。三人はあふれるような知恵と機転を備えていたが、王はさらなる教育のため旅に出るように命じ、王子たちは出発した。

ベーラム皇帝の国に入った王子たちは、逃げた駱駝を探すキャラバンの隊長から駱駝を見なかったかと尋ねられ、駱駝の特徴を詳細に語るが、かえって駱駝泥棒と疑われて牢に入れられてしまった。皇帝による裁判の席で、「駱駝を返せば放免、返さなければ死刑」と迫られた三人は、実は駱駝を見かけていなかったことを証言する。彼らは、駱駝が草を食べた跡や、足跡の様子などから洞察し、駱駝の特徴を言い当てていたのだ。

その後、駱駝は見つかり、三人の冤罪は解ける。皇帝は、王子たちの洞察力に感心して、王のような待遇でもてなした。また三人は、皇帝の家来の振る舞いから暗殺計画を見破り、皇帝の命を救ったことで、ますます信頼を得るようになった。

三人を見込んだ皇帝は、インドの女王が持つベーラム皇帝の国の宝物「正義の鏡」を取り返してくれるよう、三人に頼み込む。女王の国では、〈右手〉の化け物が出没し人を害するので、その化け物を鎮めるために鏡が使われているという。王子たちはインドに赴き、化け物を退治する代わりに鏡を返してくれるよう女王と交渉し、承諾を得ると、機転によって化け物を永遠に海に沈めた。そして末の王子は、女王から求婚される。

「正義の鏡」を受け取った三人は、ベーラム皇帝に届けた後、父王の命に従ってセレンディップに帰国する。父王の許しを得た末の王子は、インドの女王のもとに婿入りした。また二番目の王子は、評判の高いヌーミディア国の王女と結婚し、同国の王位につくことが約束された。

一番上の王子は、父王とともにセレンディップの政務をとり名声を高めたが、父王は逝去してしまう。王子は直ちに王位を継ぎ、弔問の手紙をきっかけにタンジョール王の一人娘を妻に迎え、同国併合を確実にしていよいよ平穏な国を築きあげた。

**セレンディピティーの例**

| | |
|---|---|
| ニュートン | リンゴが木から落ちるのを見て、万有引力の発想を得たといわれる |
| エルステッド | 方位磁針のそばで電池のスイッチを入れると針が動くことに偶然気づき、電気と磁気の関係を発見 |
| ノーベル | 容器からこぼれたニトログリセリンが、珪藻土に染み込むのを見て、ニトログリセリンの安定化に成功 |
| レントゲン | 陰極線の研究中、遮蔽したはずの放電管の周囲で蛍光板が輝くのを見つけたことからX線を発見 |
| フレミング | ブドウ球菌の培養中に、生やしてしまった青かびの周囲には菌が育たなかったことからペニシリンを発見 |
| 田中耕一 | 試料に誤ってグリセリンをこぼしたことから、たんぱく質分子を質量分析するためのイオン化に成功。 |

一七五四年一月二八日に友達のホーレス・マン（Horace Mann）という人に宛てた手紙の中で、自分の気持ちを説明するために、『セレンディップの三人の王子』の物語にヒントを得てセレンディピティーという言葉を創り、自分の感じたことを手紙に表現したということなのだそうです。

偶然や失敗をきっかけとして目的以上に素晴らしい発明や発見がなされたもの、すなわちセレンディピティーによる発明・発見としては、

・ニュートンによる万有引力の発見
・レントゲンによるX線の発見
・フレミングによるペニシリンの発見

などが有名です。私の導電性高分子の研究でもポリアセチレン薄膜の合成だけでなく、ドーピング効果の発見もセレンディピティーによるものといえるでしょう。

また、こうしたことは必ずしも自然科学のことだけではありません。たとえば工学の分野では、ワットの蒸気

機関の発明があげられますし、コロンブスによる新大陸の発見も、逆周りをすることで新大陸を発見したわけですから、これもセレンディピティーです。

おそらく、人文科学でも、芸術の分野でもあるでしょう。こういうことは、普遍的にあるのだろうと思います。

## 5　意義ある「偶然」により多く出会うために

**カギは「prepared mind」**

前述したように「セレンディピティー」とは思いがけない失敗や偶然により目的以上に大きい成果をあげることです。

それでは、失敗とか偶然が起こるのを期待して待っていればよいのかといえば、「そうではないんだ」ということを、多くの先人が述べています。

例えば、アメリカの物理学者で電磁誘導の発見などの業績をあげたジョセフ・ヘンリー（Joseph Henry　一七九七‐一八七八）がこういうことを言っています。

「偉大な発見の種は、いつでも私たちのまわりを漂っている。しかし、それが根を下ろすのは、それを待ちかまえている心にだけである」

また、フランスの化学者、細菌学者で、酒石酸の光学活性や発酵の仕組みの解明（生物の自然発生説の否定)、狂犬病ワクチンの開発など多くの分野でパイオニアとなったルイ・パスツール(Louis Pasteur 一八二二‐一八九五)も、次のように述べています。

「チャンスは、待ちかまえた知性の持ち主だけに好意を示す」

パスツールのいう「待ちかまえた知性」は、フランス語では「les esprits préparés」、これを英語訳にすると「the prepared mind」、一方ヘンリーは「the minds well prepared」と言っています。いわんとしていることは同じですね。

要するに「the prepared mind」とは、「あらかじめ学んで身につけた知性」という意味です。ときどき我々も「それが大切だ」といってこの言葉を使うことがあります。つまり一夜漬けではなくて、あらかじめ学んで身につけている知性こそが必要なのです。単に記憶しただけ、暗記しただけの知識、そういうのは知識とは言わないとは思いますけれども、それとは別だというわけです。

## 偶然を「迎えに行く」

ということで、確かに失敗や偶然をもとに、非常に大きなことが出来うるということなのですけれども、失敗や偶然を期待するというのは間違いでしょう。ところが、「偶然を積極的に求めることには意味がある」という人がいます。

その人は澤泉重一さんという方で、会社に勤めているときにセレンディピティーに非常に興味を持って、退職後にセレンディピティーの研究を論文にまとめて京都大学から博士号を取得したという経歴の持ち主です。彼は、何冊か本を書いていますけれども、『セレンディピティの探求―その活用と重層性思考』（沢泉重一・片井修著、角川学芸出版、二〇〇七年）という共著の本があります。

この本の中で、彼は「偶然には二種類ある」と述べています。一つは「やってくる偶然」あるいは「はからずも生じる偶然」。これはまさに我々が偶然と言っているそのものです。

それに加えてもう一つ「迎えに行く偶然」というのがあるんだというのですね。面白い考え方をする人がいるなと、私も大変興味を持ったのですけれども、要するに「目的意識がはっきりした行動の結果として生ずる偶然が〝迎えに行く偶然〟である」と澤泉さんはこの本で述べているのです。

つまり、常識や決まりきった手順など、当たり前と思っていることを改めて疑ってみるということが大切だ。改めて疑って、そうだと納得すればそれでいいし、改めて疑って、なおかつ疑いが残ることもある。そういうところに「迎えにゆく偶然」が起こるのだということを言っているわけです。

この「改めて疑ってみる」ということが非常に大切で、そのためにはとりあえずは何事

でも積極的な行動が必要なのですね。その何事にも積極的な行動の基本になるのが、

・できるだけ多くのことを学ぶ
・たくさんの経験をする
・何にでも興味を抱く
・異分野の人と積極的に話をするように心がける

といった努力をつね日ごろ怠らないことです。そのことによって、迎えにゆく偶然が起こって、セレンディピティーが発揮される。そういうことだろうと思います。

## 「偶然」を見逃さないために

セレンディピティーは、決して生まれつきの才能ではありません。ではどうしたらセレンディピティーを学べるかというと、ここまで述べてきたとおり、ヘンリーの言う「待ち構えている心」、パスツールの言う「待ち構えた知性」を豊かにするということが私の結論です。

改めて、私の導電性高分子の研究の中のセレンディピティーについてまとめると、私が捜し求めていたのはポリアセチレンの反応機構の解明だったのですが、偶然の大失敗がきっかけでポリアセチレンの薄膜化が実現し、さらにいくつかの偶然が重なってドーピングがポリアセチレンに電気を流すのに有効かも知れないという兆候を感じました。そして、

偶然の出会いから赴いたアメリカでドーピングの有効性を発見したわけです。

偶然や失敗が重なって、反応機構の解明だけでなく、もっと重要な導電性高分子を発見できたということで、まさにセレンディピティーによる成果といえるかと思います。

振り返れば、子供のころ新しいプラスチックを作る研究をしたいと考え、大学でも化学を学びましたが、学部四年で卒業研究を行う研究室を決めるじゃんけんに負けたために新しいプラスチックの研究には取り組めず、一年間は物性を勉強しました。また、中学生のころにラジオを組み立てていて、電気・電子にも親しみがあり、それなりの勉強をしていました。こうした勉強も、単なる化学分野の合成だけでなく、物性物理の知識も必要な導電性高分子の研究・発見には大変役に立ちました。まさに「待ち構えた知性」を培っていたことになりました。

ここで、パスツールの「チャンスは、待ちかまえた知性の持ち主だけに好意を示す」という言葉を思い出してみてください。つまるところ、「待ち構えた知性」がなければ、どんなに意義深い偶然や失敗が起こっても、その意義を感じることができず、見逃してしまうかもしれないのです。

このようにお話しをすると、「待ち構えた知性」を持つことは大変なことのように思われるかもしれません。はじめに、「実物に学ぶ」「自然に学ぶ」ということをお話ししました。自然を、大自然の中で学ぶ楽しさは格別ですが、「自然に」にはもうひとつの意味があることを思い出してください。
それは「おのずから」「ひとりでに」という意味です。
旺盛な好奇心と認知力が、セレンディピティーを学ぶカギになります。
どうもご清聴ありがとうございました。

# あとがき

講演の内容をそっくりそのまま書籍化することには二つの点で抵抗がある。その一つは、話し言葉を話したとおりに文字化すると，いかに無駄なしゃべり方をしているかが、あらわになるからである。大勢の聴衆に対して自分の思っていること、考えていることなどを確実に伝えるために、かなりの下準備をしたつもりでいるからなおさらである。授業や講演などで、聴衆と対面して話をする場合、口頭での説明が難しくて時間を要する場合には、板書やスライドなどの補助を使ったり、聴衆の様子を見たりして話ができるので、話し方がいささか冗長になってもさほど気にはならない。しかし、文章となるとそうはいかない。

もう一つは、貴重な時間を割いて話を聞きに来て下さった参加者への想いである。話をするからには一人でも多くの方々に聴いていただきたいと思うが、教室や会場の席数は限られている。

私は講演や授業のように多数の聴き手を対象とする場合は，話し手と聴き手が「時と場所を共有する」ことによって、文章では伝えられないことをお話しすることに、講演をすることの意義があり、それと同時に理解に至らなかった点は質問により疑問を解消していただくことを強く意識してお話しするように努めている。参加できる人数は限られているという欠点は重々承知しているが、参加していただいた聴衆の皆さんを大切にしたいと思っている。このような理由から、中央労働災害防止協会出版事業部の五味達朗出版課長から書籍化のお話しをいただいたときには、書籍化には反対であった。

そもそも、大阪安全衛生教育センターの松下高志所長からいただいた、私には縁遠い安全衛生教育に関するテーマを対象とする場違いな大会（二〇一七年の第七六回全国産業安全衛生大会(神戸大会)）での依頼講演そのものについて躊躇せざるを得なかった、という経緯もあり、講演内容と講演の書籍化という、私にとっては二つの難問を抱え込むことになった。

しかし、松下所長の熱心な説得で講演が実現し、講演に引き続いて五味課長および結城ゆり課長補佐による講演の文字化と、話し言葉から書き言葉への変換、原稿の査読などの諸作業により、私にとっても受け入れることができる書籍に仕上がったと感じている。

講演のきっかけを与えていただいた松下高志所長、書籍化に当たって尽力をされた五味達朗出版課長と結城ゆり課長補佐に深く感謝申し上げる。

白川　英樹

● 著者　プロフィール
白川　英樹　（しらかわ　ひでき）
筑波大学名誉教授　ノーベル化学賞受賞　平成12年（2000年）

昭和41年３月　東京工業大学院理工学研究科博士課程　修了
昭和51年９月～昭和52年８月　米国ペンシルベニア大学化学科博士研究員
昭和57年10月　筑波大学教授物質工学系
平成６年４月～平成９年３月　筑波大学第三学群長
平成12年文化勲章　受章

中災防ブックレット ２
知るということ　セレンディピティーと待ち構えた知性とは

平成 30 年 4 月 25 日　第 1 版第 1 刷発行

編　者　中央労働災害防止協会
発行者　三田村憲明
発行所　中央労働災害防止協会
東京都港区芝浦 3-17-12　吾妻ビル９階
〒１０８－００２３
電話　販売　０３（３４５２）６４０１
編集　０３（３４５２）６２０９
表紙デザイン　デザイン・コンドウ
印刷・製本　㈱丸井工文社


ISBN978-4-8059-1801-2　C3060
中災防ホームページ　http://www.jisha.or.jp